QUI VA GAGNER?

COMBAT ULTIME DES REPTILES

JERRY PALLOTTA

ILLUSTRATIONS DE
ROB BOLSTER

TEXTE FRANÇAIS D'ISABELLE FORTIN

L'éditeur aimerait remercier les personnes et les organisations suivantes d'avoir aimablement accepté qu'on utilise leurs photos dans ce livre :
p. 2 : © G-ZStudio/Shutterstock (arrière-plan); p. 3 : © Aoosthuizen/Getty Images (crocodile); p. 5 : © Miles Barton/Minden Pictures; p. 16 : © MollyNZ/Getty Images; p. 17 : © Susan Schmitz/Shutterstock (en haut); p. 19 : © IrinaK/Shutterstock (en haut); p. 32 : © Science & Society Picture Library/Getty Images (gavial).

DÉROULEMENT DU TOURNOI

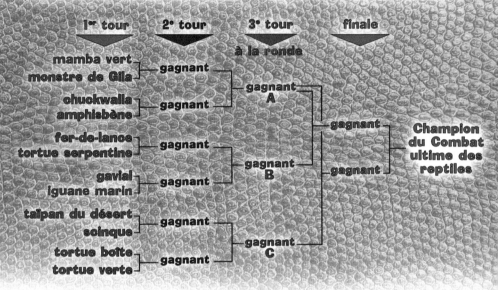

Bienvenue à Reece Robert Robinson, Claire Elizabeth Pallotta et Brett Owens Dellelo!
— J. P.

À mes cousins, Quinn, Camden, Callen, Donovan et Mattie Grace.
— R. B.

Catalogage avant publication de Bibliothèque et Archives Canada

Titre: Combat ultime des reptiles / Jerry Pallotta ; illustrations de Rob Bolster ; texte français d'Isabelle Fortin.
Autres titres: Ultimate reptile rumble. Français.
Noms: Pallotta, Jerry, auteur. | Bolster, Rob, illustrateur.
Collections: Qui va gagner?
Description: Mention de collection: Qui va gagner? | Traduction de : Ultimate reptile rumble.
Identifiants: Canadiana 20210378603 | ISBN 9781443193764 (couverture souple)
Vedettes-matière: RVM: Reptiles—Ouvrages pour la jeunesse. | RVMGF: Documents pour la jeunesse.
Classification: LCC QL644.2 .P3514 2022 | CDD j597.9—dc23

Édition publiée par les Éditions Scholastic, 604, rue King Ouest, Toronto (Ontario) M5V 1E1, Canada.

5 4 3 2 1   Imprimé au Canada   119   22 23 24 25 26

MIXTE
Papier issu de
sources responsables
FSC® C103113

Bienvenue au Combat ultime des reptiles! Durant ce tournoi, 12 reptiles féroces vont s'affronter. D'après toi, qui va gagner?

CROCODILE MARIN

LE SAVAIS-TU?
Le crocodile marin peut peser près d'une tonne et mesurer six mètres.

FAIT DE TAILLE
Une tonne, c'est 1 000 kilos.

AUTRE NOM
Crocodile à double crête

C'est simple : si l'on permet au crocodile marin de participer au tournoi, il va gagner. Cet animal féroce est le plus gros reptile du monde. Il peut nager vite, sauter complètement hors de l'eau et se déplacer rapidement au sol. Regarde cette gueule! Nous allons le garder pour une autre fois.

TORTUE LUTH

Le crocodile, l'alligator, la tortue, le serpent, le lézard, l'amphisbène et le sphénodon font partie d'un groupe d'animaux nommés reptiles. Les scientifiques disent plutôt Reptilia.

FOSSILE VIVANT
Le sphénodon est le seul rhynchocéphale vivant – tous les autres sont éteints.

FAIT ENFOUI
L'amphisbène est un reptile fouisseur.

LE SAVAIS-TU?
Les reptiles ont le sang froid.

La tortue luth est la plus grande tortue du monde. Elle peut peser jusqu'à 700 kilos! Ce ne serait pas juste qu'elle se batte avec un lézard ou un serpent de petite taille. Désolé, tortue luth, tu ne peux pas participer au tournoi

PYTHON RÉTICULÉ

Le python réticulé est le plus long serpent du monde. Il est simplement trop imposant pour ce tournoi. Comment pourrait-il combattre le typhlops, un serpent parfois aussi petit qu'un de tes doigts?

> **FAIT**
> *Le python réticulé atteint plus de sept mètres. C'est presque la longueur d'un autobus scolaire!*

> **FAIT**
> *Les reptiles ont la peau sèche et écailleuse.*

> **LE SAVAIS-TU?**
> *Le serpent le plus lourd du monde est l'anaconda vert.*

DRAGON DE KOMODO

Le dragon de Komodo est le plus gros lézard du monde. Laisse la place aux autres, dragon de Komodo, tu as déjà un livre juste pour toi. À près de trois mètres, tu es trop grand. Désolé! Tu n'es pas le bienvenu au Combat ultime des reptiles.

FAIT
Le dragon de Komodo a la bouche remplie de bactéries dangereuses. Sa salive contient aussi un anticoagulant.

FAIT AMUSANT
L'étude des reptiles se nomme l'herpétologie.

Ça y est! Le crocodile marin, la tortue luth, le python réticulé et le dragon de Komodo ont été éliminés! Au revoir! Maintenant, place au combat!

Que le specta[c]le commence. Pour ce premier combat, un mamba vert affrontera un monstre de Gila. Le reptile qui perd sera éliminé. Le mamba vert est un serpent venimeux.

> ### FAIT COLORÉ
> *Le mamba noir est en fait argenté. Ce sont ses gencives qui sont noires.*

> ### FAIT D'ESPÈCE
> *Ce mamba vert de l'Est vit dans les arbres.*

TOUR
1

LE MAMBA VERT CONTRE LE MONSTRE DE GILA

COMBAT
1

Dans le monde, seuls quelques lézards sont venimeux. Le monstre de Gila compte parmi eux. L'animal passe la majeure partie de sa vie sous terre.

> ### FAIT
> *Le venin est poison.*

7

Les deux reptiles décident de prendre du soleil. Le mamba vert quitte l'ombre de son arbre tandis que le monstre de Gila sort de son terrier. Le serpent repère le lézard.

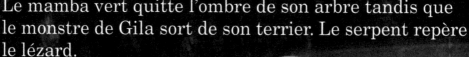

Le monstre de Gila est lent. Il n'est pas à la hauteur du mamba, plutôt sournois. Le mamba attaque et mord immédiatement le monstre de Gila, lui injectant ainsi son venin. La bataille est terminée.

LE MAMBA VERT A GAGNÉ!

FAIT DOULOUREUX
Certains venins affectent le système nerveux, alors que d'autres endommagent le cœur.

Le chuckwalla est un lézard au comportement défensif astucieux. Quand il se sent menacé, il se faufile dans une fissure et se grossit. Il se gonfle comme un ballon. Il est alors impossible de le tirer hors de son refuge de pierre.

FAIT DE TAILLE
Il existe environ 6 000 espèces de lézards. Ce livre aurait aussi pu être un combat ultime des lézards.

LE CHUCKWALLA CONTRE L'AMPHISBÈNE

TOUR 1 — **COMBAT 2**

Le combat suivant met en vedette un amphisbène. Nous avons tous déjà entendu parler des serpents, des crocodiles et des lézards. Mais les amphisbènes restent dans l'ombre. Peu de gens les connaissent.

FAIT DE NOM
L'amphisbène est parfois appelé lézard sans pattes.

FAIT COLORÉ
Cet amphisbène a la peau tachetée de noir et de blanc.

L'amphisbène essaie de mordre le lézard. Mais le chuckwalla contre-attaque. Ses jambes lui donnent un avantage. Il se déplace vite et mord l'amphisbène à la tête et dans le cou. La bataille est terminée.

LE CHUCKWALLA A GAGNÉ!

TROMPEUR
Les amphibiens, qui ne sont pas des reptiles, regroupent les grenouilles, les crapauds, les salamandres, les cécilies et les tritons.

CHERCHE ET APPRENDS
Cherche la différence entre un amphibien et un amphisbène.

Le fer-de-lance est l'un des serpents les plus mortels qui soient. Aïe! Il a de très longs crochets. Quand il mord, il injecte une grande quantité de venin. Les humains doivent éviter le fer-de-lance à tout prix.

FAIT ALIMENTAIRE
Les serpents ne mastiquent pas leur nourriture. Ils ne mangent que ce qu'ils peuvent avaler en entier.

TOUR
1

LE FER-DE-LANCE CONTRE LA TORTUE SERPENTINE

COMBAT
3

La tortue serpentine a une mâchoire puissante. Quand elle mord, c'est douloureux! Certaines tortues peuvent se cacher complètement dans leur carapace, mais pas celle-là.

FAIT
La tortue serpentine alligator est la plus grande des tortues serpentines.

FAIT BUCCAL
Les tortues n'ont pas de dents.

La tortue serpentine est trop grosse pour être avalée par le fer-de-lance. Le serpent ne devrait donc pas s'y intéresser. Mais la tortue s'approche trop près. Oh non! Le fer-de-lance est un serpent agressif.

FAIT DE CHALEUR

Le fer-de-lance est un crotalidé. Près de ses yeux, il a des fossettes sensorielles qui lui permettent de sentir la chaleur du corps des autres animaux.

Le fer-de-lance mord la tortue serpentine dans le cou. L'attaque est trop rapide pour que la tortue puisse réagir. Le venin affecte son système nerveux. Elle a de la difficulté à se déplacer. Puis elle cesse de respirer.

LE FER-DE-LANCE A GAGNÉ!

Le gavial est un reptile qui ressemble au crocodile, mais avec une gueule en forme d'épée. Sa gueule est parfaite pour attraper des poissons.

FAIT
Le gavial est parfois appelé crocodile mangeur de poissons.

LE GAVIAL CONTRE L'IGUANE MARIN

TOUR 1

COMBAT 4

Les gens voient souvent l'iguane comme un petit dinosaure. C'est que les dinosaures avaient probablement cette apparence. Les iguanes ont une longue queue. Certains vivent sur terre et d'autres, dans l'eau. Cet iguane marin vit aux îles Galápagos.

FAIT
L'iguane marin mange des algues.

FAIT HISTORIQUE
L'iguanodon est le deuxième dinosaure a avoir été découvert. Il a été nommé ainsi d'après l'iguane.

Le gavial a les dents bien plus longues que celles de l'iguane. Il a aussi une queue plus forte. Les deux animaux se battent : une morsure ici, une autre là. Ils luttent sur la terre, puis dans l'eau. Crounch! Crounch! Clac!

FAIT DE FORME
Le crocodile a la tête en forme de V. L'alligator, lui, a la tête en forme de U.

Si tu étais l'auteur de ce livre, dirais-tu que le gavial a une tête en forme d'épée, de I ou de ciseaux?

LE GAVIAL A GAGNÉ!

GECKO

C'est l'heure de la pause. Nous avions pensé ajouter le gecko aux participants, mais il est trop petit pour ce livre. Regarde! Les geckos sont très colorés. C'est à un concours de couleurs qu'ils devraient participer, pas à un combat.

FAIT
Le gecko est un lézard.

Waouh! Il existe environ 1 500 espèces de geckos.

LE SAVAIS-TU?
Certains geckos peuvent marcher la tête en bas sur les surfaces en verre.

SPHÉNODON

Ce reptile est trop spécial pour se battre. Sphénodon, ne te blesse pas! Tu es un fossile vivant! Même s'il ressemble à un lézard, ce reptile fait partie d'un groupe nommé rhynchocéphales, dont la plupart des espèces sont éteintes.

FAIT ÉTRANGE
Le sphénodon a un troisième œil sur le dessus du crâne. Les scientifiques pensent qu'il régule la température corporelle de l'animal.

FAIT GÉOGRAPHIQUE
Le sphénodon vit seulement sur des îles près de la Nouvelle-Zélande.

CARTE DU MONDE

troisième œil

Nouvelle-Zélande

On a trouvé des fossiles de rhynchocéphales datant de plus de 200 millions d'années. Les ancêtres du sphénodon vivaient avec les dinosaures.

De retour au tournoi! Le taïpan du désert est considéré comme l'un des serpents les plus mortels qui soient. Il est aussi plutôt rare. Il vit dans le désert du centre de l'Australie.

AïE!
Une morsure de taïpan du désert contient assez de venin pour tuer 100 personnes.

FAIT AMUSANT
Le serpent peut agiter la langue sans ouvrir la bouche. Sa langue est cachée dans une gaine.

TOUR **1**

LE TAÏPAN DU DÉSERT CONTRE LE SCINQUE

COMBAT **5**

FAIT COLORÉ
Le bleu de la langue sert à effrayer les prédateurs.

Le scinque est un lézard fouisseur. Il préfère vivre sous terre. Pour ce livre, nous avons choisi le scinque à langue bleue. Une fois qu'il a mordu, il ne lâche pas sa proie facilement.

Le taïpan du désert avance sur le sol. Le scinque à langue bleue sort furtivement d'un tunnel et mord le serpent. Mais il ne l'a pas mordu à un endroit vital. Le serpent se retourne, mord le scinque et lui injecte son venin.

FAIT DE VENIN
Une fois prélevé, le venin d'un serpent reste actif pendant des dizaines d'années.

Le venin prend seulement 30 secondes à agir. Le scinque cesse de bouger.

DÉFENSE
Le scinque peut aussi gonfler son corps.

LE TAÏPAN DU DÉSERT A GAGNÉ!

Il passe au tour suivant.

Cette tortue se nomme tortue boîte parce qu'elle peut rentrer sa queue, ses pattes et sa tête à l'intérieur de sa carapace et se refermer comme une boîte. Si tu vis en Amérique du Nord, tu pourrais un jour en voir une.

FAIT D'ÂGE
La tortue boîte vit jusqu'à 100 ans.

FAIT DE CHALEUR
Pour se réchauffer, les reptiles se mettent au soleil.

La tortue boîte peut nager, mais elle préfère se déplacer au sol. C'est une tortue terrestre.

DÉFINITION
Terrestre veut dire « sur la terre ».

 **TOUR 1**

LA TORTUE BOÎTE CONTRE LA TORTUE VERTE

 COMBAT 6

Voici la tortue verte, qui est une tortue marine. Elle ne peut pas se déplacer sur la terre, mais elle nage très bien. Elle passe toute sa vie dans l'océan et n'en sort que pour pondre ses œufs.

FAIT MOUILLÉ
Un animal aquatique vit dans l'eau.

Dans la nature, il serait quasi impossible que ces deux tortues se rencontrent.

La tortue verte est beaucoup plus grosse que la tortue boîte. Si les deux tortues étaient de la même taille, la tortue verte aurait l'avantage dans l'eau.

FAIT DE COMBAT
Eau douce contre eau salée.

FAIT DE TAILLE
Petit contre grand.

La tortue boîte jette un œil à l'immense tortue verte, puis se retire dans sa carapace. Elle refuse d'en sortir et choisit d'abandonner le combat.

LA TORTUE VERTE A GAGNÉ!

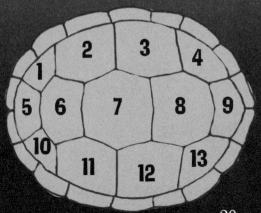

FAIT D'ÉCAILLES
Sur leur carapace, les tortues ont d'immenses écailles. La plupart en ont 13.

Au premier tour, on comptait 12 participants. C'est maintenant le moment du deuxième tour, et il ne reste plus que six reptiles. Après ce tour, il n'en restera que trois.

Le mamba est le serpent le plus rapide qui soit. Ce mamba bien camouflé préfère rester dans les arbres, où les feuilles sont vertes, comme ses écailles. Quand il aperçoit le chuckwalla, il se glisse vers le sol pour l'observer de plus près.

LE MAMBA VERT CONTRE LE CHUCKWALLA

Le chuckwalla est un herbivore qui mange des fleurs, des feuilles et certains fruits. Il n'a aucune envie de manger un mamba. L'animal remarque la présence du mamba vert mortel.

Le chuckwalla se faufile dans une fissure et attend. Quand le mamba s'approche, il reste immobile et espère que le serpent ira voir ailleurs. Il n'a pas du tout envie de se faire manger par un serpent.

Le chuckwalla gonfle son corps, ce qui fait tomber une pierre qui, à son tour, écrase la tête du mamba.

LE CHUCKWALLA A GAGNÉ!

Il passe donc au tour suivant!

L'agressif fer-de-lance est le serpent le plus mortel d'Amérique centrale et du Sud. Il cause plus de blessures que les alligators et les crocodiles. Il prend les petits animaux en embuscade.

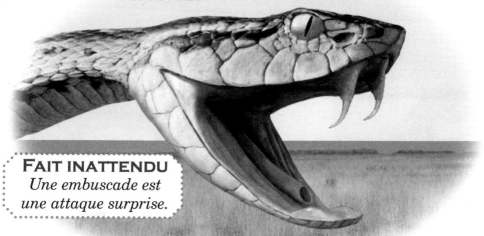

Attention au fer-de-lance! Danger! Les scientifiques qui étudient la forêt tropicale doivent être très prudents en présence de ce serpent.

LE FER-DE-LANCE CONTRE LE GAVIAL

Le gavial, qui est un mangeur de poissons, a les dents qui s'emboîtent. Il a aussi les dents plus coupantes que le crocodile, l'alligator ou le caïman. Le gavial n'attaque pas les humains.

LE SAVAIS-TU?
Le serpent sent à l'aide de sa langue fourchue.

Le fer-de-lance est un excellent nageur. Il traverse une rivière sans savoir que le gavial est sous l'eau à attendre patiemment qu'un poisson s'approche.

CLAC! Le gavial prend le fer-de-lance pour un poisson et lui tranche le corps avant même que celui-ci ait le temps de se défendre. Le gavial a eu de la chance. Le fer-de-lance n'a pas pu lui injecter son venin.

LE GAVIAL A GAGNÉ!

Si nous écrivions un livre sur le serpent le plus dangereux, le taïpan du désert arriverait au premier rang. Il est vilain et effrayant. Désolé, serpent d'arbre du Cap, mocassin d'eau, serpent à sonnettes, serpent marin, mocassin à tête cuivrée, cobra royal et vipère heurtante, vous ne faites pas le poids. Tortues, méfiez-vous!

TOUR
2

LE TAÏPAN DU DÉSERT
CONTRE
LA TORTUE VERTE

COMBAT
3

Quand elle est jeune, la tortue verte mange de la viande et du poisson. À l'âge adulte, elle se nourrit plutôt d'algues et d'herbes marines. Comme elle est herbivore, elle n'est donc pas du tout intéressée par les serpents.

DÉFINITION
Les herbivores
mangent des plantes.

FAIT D'ESPÈCES
Il existe sept espèces de tortues marines, soit la tortue luth, verte,
caret, de Kemp, olivâtre, à dos plat et caouanne.

Le taïpan du désert vit dans un désert intérieur et la tortue verte habite dans l'océan. Même s'il existe des endroits où le désert et l'océan se rencontrent, un serpent ne pourrait jamais avaler une tortue géante. La tortue verte avance lentement sur le rivage.

Le taïpan du désert la voit et la sent. Les deux reptiles se rapprochent l'un de l'autre. La tortue sent le danger, retourne dans l'eau et s'en va à la nage.

Le taïpan du désert l'emporte et s'en va en finale.

LE TAÏPAN DU DÉSERT A GAGNÉ!

COMBAT À LA RONDE

Oh non! Nous avons commencé le tournoi avec 12 reptiles. Après deux tours, il n'en reste plus que trois. Dans ce genre de tournoi, s'il y avait eu 16 participants, nous aurions maintenant 4 FINALISTES qui pourraient s'affronter. Dans ce cas-ci, il faudra faire des combats à la ronde.

> **FAIT DE TOURNOI**
> *Un combat à la ronde signifie que chaque finaliste doit affronter tous les autres adversaires.*

Nous allons utiliser des lettres plutôt que des chiffres.

A	**B**	**C**
LE CHUCKWALLA	**LE GAVIAL**	**LE TAÏPAN DU DÉSERT**

A va affronter B, puis C. B va affronter C. L'animal ayant le meilleur résultat l'emportera. Que le meilleur reptile gagne.

 TOUR 3

A LE CHUCKWALLA CONTRE B LE GAVIAL

 COMBAT 1

Dans ce combat, un lézard (herbivore) affrontera un genre de crocodile (mangeur de poissons). Le chuckwalla a fait beaucoup de chemin. Pourra-t-il continuer? Le gavial a une gueule puissante et pourrait aussi utiliser sa queue comme une arme.

FAIT DENTAIRE
Certains gavials ont 100 dents.

Plus petit, le chuckwalla n'a aucune chance. Comment pourrait-il se mesurer au gavial? Sa capacité à se gonfler ne lui servira à rien.

Le gavial utilise sa queue comme un fouet.

TAC!

LE GAVIAL A GAGNÉ!

Dans un combat à la ronde, les deux adversaires doivent se battre à nouveau. Repose-toi, chuckwalla.

Le chuckwalla s'est remis de son combat précédent et affronte maintenant le taïpan du désert. Ça ne regarde pas bien pour le chuckwalla.

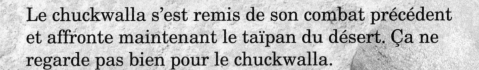

TOUR 3
A LE CHUCKWALLA CONTRE C LE TAÏPAN DU DÉSERT
COMBAT 2

Ici, c'est lézard contre serpent. Quatre pattes contre aucune. Sans poison contre venin. Dents contre crochets.

Le chuckwalla s'éloigne lentement du taïpan du désert. Le serpent le suit, puis l'attaque. Aïe! À l'aide de ses crochets, il perce le chuckwalla et lui injecte son venin. Le combat est terminé.

LE TAÏPAN DU DÉSERT A GAGNÉ!

Dors bien, chuckwalla. Tu es éliminé! Il ne reste plus qu'un affrontement.

COMBAT FINAL!

Chaque reptile finaliste a gagné un combat. Le dernier affrontement permettra de déterminer le vainqueur. Le gagnant sera couronné champion du Combat ultime des reptiles.

	VICTOIRES	DÉFAITES
GAVIAL	1	0
TAÏPAN DU DÉSERT	1	0
CHUCKWALLA	0	2

B LE GAVIAL CONTRE C LE TAÏPAN DU DÉSERT

Ce combat opposera des dents coupantes, d'autres dents et encore des dents à un venin mortel. Quatre pattes contre aucune. Crocodiliens contre serpentes.

FAIT D'ORDRE
Les crocodiles, les alligators, les caïmans et les gavials font partie de l'ordre des crocodiliens.

SERPENTES
Classement scientifique des serpents.

31

Le gavial aperçoit le taïpan du désert. Le serpent aimerait bien ramper jusqu'au gavial et lui enfoncer ses crochets dans le corps. Mais il est trop lent. Le gavial tourne rapidement la tête et mord dans le serpent. Le taïpan est blessé.

LE GAVIAL A GAGNÉ!

Le tournoi aurait pu se terminer ainsi, mais aussi d'autres façons. Écris ta propre fin ou pense à une nouvelle version d'un combat ultime des reptiles.